MÉDITATION

POLITIQUE

PAR J. J. DESRAT

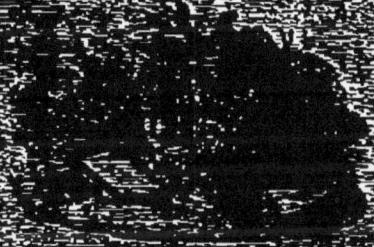

PARIS

 BRIAL LABRADE, PALAIS ROYAL

MÉDITATION

POLITIQUE.

Imprimerie de Mme HUZARD (née Vallat la
Chapelle), rue de l'Eperon, n° 7.

MÉDITATION
POLITIQUE.

———◦———

DU
PROGRÈS EUROPÉEN;

PAR M. J. DESRAY.

Liberté , Justice , Humanité.

Liberté civile et religieuse pour tous les peuples.
(G. Canning.)

———

PARIS,
DELAUNAY, LIBRAIRE,
PALAIS-ROYAL.

———

1837.

MÉDITATION POLITIQUE.

PROGRÈS EUROPÉEN.

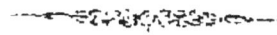

PARIS,

DELLAYE, LIBRAIRE,

UN MOT.

Nous vivons dans un siècle où tout le monde se mêle d'écrire ; on ne sera donc pas étonné de voir le Français le plus obscur et le plus ignoré mêler sa faible voix à l'immense écho de la presse publique, cette souveraine de fait et de droit des sociétés modernes (1).

Quand les sociétés de l'Europe sont partout en fermentation, il faut que chacun dise son mot ; quand le vais-

(1) Presse quotidienne, presse périodique et volumes de tout genre.

seau de l'État est battu par la tempête et chasse sur ses ancres, il est du devoir du simple passager d'émettre son opinion, bonne ou mauvaise.

En politique, celui qui a une idée doit avoir le courage de l'écrire et d'en accepter toutes les conséquences ; il faut obéir au cri de sa conscience, sans être arrêté par la crainte ou l'intérêt : *fais ce que dois, advienne que pourra.*

Il faut le dire, car cela est vrai, la société est gangrenée d'égoïsme et d'esprit d'intrigue ; nous ressemblons un peu aux Grecs du Bas-Empire, nous nous disputons souvent sur des mots, quand l'étranger est à nos portes. Les passions basses, cupides et insatiables débordent la société de toute part ; fai-

sons appel à la conscience, à la probité,
au patriotisme et au désintéressement:
Celui qui écrit ces lignes aurait pu,
comme tant d'autres, jeter ses idées aux
vents, il a préféré s'envelopper dans le
silence de la méditation et de l'obser-
vation pour mûrir sa pensée.

Soldat obscur, mais actif, de juillet,
il s'est trouvé mêlé au peuple dans ce
grand drame politique, et il est resté
saisi d'étonnement en voyant ce que
peut un grand peuple, quand, semblable au lion, il secoue sa crinière. La
révolution de juillet fut un châtiment
terrible et mérité ; elle renversa un
monarque, qui avait outre-passé ses
droits, et méconnu la volonté nationale ; cette leçon est restée gravée dans

la mémoire des peuples et des rois;
mais nous devons aujourd'hui le respect aux exilés de Goritz, le mal-
heur doit toujours être respectable.

Tout homme qui écrit se trouve en
butte à des critiques souvent injustes,
violentes et haineuses; la critique des
doctrines politiques est toujours per-
mise, mais la calomnie sale et veni-
meuse jamais. Et cependant la calomnie
indirecte, ou par insinuation, nous
déborde de toute part; nouveau Pro-
tée, elle sait prendre toutes les formes
et toutes les couleurs, pour se rendre
insaisissable; mais il faut le crier bien
haut, car c'est la vérité, et ici tout
homme de cœur me comprendra :
toute calomnie sourde, indirecte ou

par insinuation contre le simple parti-
culier est une lâcheté.

Celui qui écrit ces mots a eu aussi sa
Vendée qui lui dévorait les entrailles,
mais il a fait et fera face à l'intérieur
et à l'extérieur.   J. D.

22 Décembre 1836.

P.-S. Un nouvel attentat vient d'effrayer
la France; il faut le dire, l'assassinat politique
ne peut être que le produit d'un fanatisme
isolé ou concerté entre quelques personnes,
et ne devrait jamais servir d'instrument contre
les libertés publiques et privées.

DU

PROGRÈS EUROPÉEN.

Le progrès est la loi qui régit toute société ; les nations anciennes comme les modernes ont subi cette volonté providentielle.

Si nous plongeons du regard dans l'antiquité qui semble s'agrandir à mesure qu'elle s'éloigne, parce que nous ne la considérons qu'à travers le prisme de notre imagination, nous voyons la Grèce héroïque et fabuleuse assiéger Troie pendant dix ans pour venger l'insulte personnelle d'un de ses roitelets ; plus tard, la Grèce civilisée luttera contre l'Asie pour maintenir chez elle sa liberté et son indépendance nationales, menacées par Xerxès. Rome fut une puissance phénoménale dans l'histoire des peuples : une poignée de brigands héroïques se retranche dans un camp fortifié, enlève les femmes et les filles du peuple voisin, se défend contre les peuplades limitrophes, puis les conquiert. Bientôt cette ville, où l'on vit fermenter toutes les passions grandes et généreuses, s'emparera de toute l'Italie, puis de toutes les contrées connues du globe en Europe, en Asie et en Afrique, auxquelles elle imposera son système politique, sa langue, ses lois et ses mœurs ; car elle conquiert et civilise en même temps. Et l'influence de son passage sur le monde fut telle qu'elle subsiste encore dans une grande partie de l'Europe : non seulement l'Italie qui la vit naître et se développer, mais l'Es-

pagne, le Portugal, la France et les provinces
belges, véritables filles de Rome, puissances
formées des débris de la chute du colosse,
parlent le latin; ou plutôt la langue de tous
ces peuples est restée tout imprégnée de la
langue créatrice des Romains dont elle est
pétrie; l'Angleterre (1) et la Germanie, non
entièrement conquises, en ont reçu un léger
reflet. Le droit romain sert encore de base à
la législation de l'Europe (2). La grandeur du

(1) L'Angleterre, ainsi que les nations nommées ci-
dessus, ont aussi adopté les lettres de l'alphabet romain, formé lui-même avec les lettres capitales de
l'alphabet grec; cependant sa langue a conservé son
type saxon et germanique. L'Allemagne a un alphabet
gothique depuis la plus haute antiquité; mais il fut
modifié par une fusion gothico-romaine ; cependant,
depuis un siècle, l'alphabet romain est entré en
concurrence avec lui, surtout vers l'Occident. L'alphabet russe a été formé aussi avec les capitales du
grec et quelques lettres venues de l'arménien.

(2) On sait que l'Italie, anciennement appelée
grande Grèce, fut d'abord civilisée par des colonies

peuple-roi est aussi attestée par ses monuments
dont le style grandiose et sévère étonne encore
et impose le respect aux modernes qui n'ont

grecques. Quand Rome eut acquis une certaine importance, elle sentit le besoin d'une législation , et ,
sous les décemvirs, elle envoya des députés en Grèce,
pour recueillir les lois éparses de Solon , qu'elle mo-
difia pour son usage. On établit bientôt les lois des
douze tables, qui furent gravées d'abord sur bois , et ,
plus tard, sur l'airain. Sous les empereurs, la législation fut refondue et remplacée par l'*édit perpétuel*
d'Adrien, successeur de Trajan, vers 130 de notre ère.
Vers 438, on publia le *Code théodosien*, divisé en
seize livres. Elle reçut , plus tard , d'autres modifica-
tions amenées par les besoins du temps, comme les
Institutes et les *Pandectes de Justinien* en 534, et qu'il
n'entre pas dans mon sujet d'énumérer.

Dans toutes les contrées soumises au pouvoir romain, il a dû être en vigueur, et surtout en Europe.
En Hongrie et en Danemarck, il a servi de base principale aux lois du pays. En Angleterre et en Irlande,
il a long-temps été suivi, mais abandonné depuis,
cependant on l'y enseigne toujours; enfin , il n'y a
guère, en Europe, que la Suède et la Russie, non
visitées par les Romains , où il paraisse avoir été in-

pas encore su le surpasser : on trouve partout des débris de cette architecture sublime que le temps semble respecter. La trace de ses pas subsiste aussi en Asie et en Afrique, malgré le passage et la conquête des races asiatiques et musulmanes. Ainsi, la principale province

connu. Quant à la France, on sait qu'avant la glorieuse Révolution de 1789, qui a tout réformé et refondu, les diverses provinces étaient régies les unes par le *droit écrit*, les autres par les *coutumes* ou *droit coutumier*. Dans les premières, presque toutes provinces du Midi, le droit romain était partout suivi. Il en était ainsi dans la Provence, le Languedoc, la Guienne et Gascogne, le Dauphiné, le Béarn, le Roussillon, le Lyonnais, la Bourgogne, le Beaujolais, l'Auvergne, etc., etc. ; les provinces du Nord étaient régies par les droits coutumiers, car les Franks avaient dû, dans l'origine, tout renverser à leurs coutumes et leur profit, lois et usages des Romains ; le droit de ces conquérants devait être surtout dans leur épée, et, plus tard, les coutumes de chaque pays eurent force de loi. Dans les *établissements* de Saint - Louis, de 1270, les décisions sont fondées sur le droit romain par des citations formelles.

des Turcs, la Romélie, où siège Constantinople, n'est autre que le pays des Romains (1).
On les retrouve aussi auprès de l'Araxe,
où les Romains portèrent leurs étendards victorieux; le nom d'Erzeroum (2), chef-lieu d'un

(1) Les Turcs en conquérant cette partie de l'Europe désignaient généralement et désignent encore
sous ce nom les diverses provinces en deçà du détroit.
رومالي , Roumilli vient de روم ايالت , Roum illiet,
pays de Rome.

(2) Erzeroum ارض روم , vient de ارض , terre, et
روم Rome.

On sait que l'Asie écrit et imprime de droite à
gauche dans un système tout opposé au nôtre ; cette
différence typique est un indice de la profonde dissem-
blance de caractère entre les sociétés asiatiques et les
sociétés européennes ; l'absolutisme et l'esclavage sont
inhérents à la Vieille-Asie : la liberté politique et individuelle semble être le but vers lequel tendent la société européenne et les nations qu'elle a fondées en
Amérique.

Il est assez curieux de retrouver dans la langue
turque, qui dérive en partie de l'arabe et du persan,
des déclinaisons, des conjugaisons et des inversions
assez semblables à celles du latin ; il en est de même

pachalick, nous l'atteste. Aucune puissance n'avait encore rempli une semblable mission sur le globe.

La chute de l'Empire romain peut être attribuée à plusieurs causes : 1° à son immense étendue, qui allait de l'embouchure du Tage à l'Euphrate, et du Nil aux frontières septen-

de plusieurs idiomes de l'orient ; cette ressemblance fortuite est singulière. On sait du reste que les caractères alphabétiques de l'Indien, du Persan, de l'Arabe et du Turc sont les mêmes.

L'alphabet chinois est complètement à part comme ce singulier peuple, qui est, je crois, le plus anciennement civilisé du globe, puisque chaque signe ou clef est un mot ; mais c'est toujours le système asiatique de commencer ses livres où finissent les nôtres, de lire et écrire de droite à gauche. L'alphabet grec lui-même paraît une dérivation de l'hébreu et des signes orientaux ; mais il y a eu là une singulière révolution : et pourquoi n'ont-ils pas suivi le même mode d'écriture qu'ils tenaient de l'Orient ? Il y a dans ce simple indice, ou même ce mythe, quelque chose de caractéristique. Il ne s'agit pas ici d'un jeu de mots applicable à nos assemblées délibérantes.

trionales d'Albion, où il combattait les Pictes
et les Calédoniens; le principe d'action et
l'unité du commandement qui partaient de
Rome ne pouvaient atteindre facilement jusqu'aux èxtrémités de l'empire, malgré le zèle
et le patriotisme de ses proconsuls et de ses
lieutenants; aussi fut-il obligé d'établir une
seconde capitale à Constantinople et de se
scinder en deux, empire d'Orient et empire
d'Occident; 2° à la multitude des pays conquis
si divers de mœurs, de langage et de climats;
5° à l'irruption des races conquérantes et dé-
vastatrices du Nord, phénomène à peine croya-
ble pour l'Europe actuelle, s'il n'était attesté
par les écrivains contemporains, et s'il ne
s'était renouvelé depuis dans le Bas-Empire
par l'irruption des Turcs, dans la Moscovie par
celle des Mogols, et il n'y a pas deux siècles,
en Chine, par celle des Tartares Mantchous.
Rien dans l'état actuel du globe mieux connu

ne peut expliquer ces migrations antérieures;
la population de ces contrées est dans un état
fort inférieur (1); 4° et enfin à la naissance du
christianisme qui venait prêcher aux peuples
étonnés des principes d'égalité, de fraternité,
de tolérance et d'humanité, si éloignés des
passions tumultueuses, altières et dominatrices
des anciens, chez lesquels l'esclavage était
partout en vigueur, et substituer une religion
philosophique, consolatrice et réparatrice des
inégalités sociales au polythéisme brillant
des Grecs, transmis aux Romains et dont la
mythologie nous présente une foule de dieux
et de demi-dieux pétris du même limon que

(1) Les races conquérantes nommées ci-dessus
sont sorties de l'Asie, il est vrai, mais des contrées
peu peuplées, relativement au sud et à l'est de ce continent. Les races qui ont envahi l'Europe méridionale
sont sorties des forêts et des bords de la mer de Germanie, de la Chersonèse cimbrique ou Jutland et de
la Scandinavie ou Gothie (Suède et Norwége).

les mortels dont ils ressentent toutes les passions (1).

Si nous passons de l'antiquité aux peuples
modernes, il nous sera facile de les suivre

(1) Le paganisme et la mythologie appartiennent
surtout aux Grecs, le peuple qui a eu le plus d'imagination et qui fut surtout poète et littéraire ; les
Athéniens surtout, car les Spartiates étaient des Romains des beaux temps de la République. Les Grecs,
qui sont les premiers peuples civilisés de l'Europe,
lui ont tout enseigné : la poésie, la philosophie, l'architecture, la peinture, la statuaire, etc. ; ils ont servi
de modèle aux Romains, sous le rapport littéraire, et
même aux nations de l'Europe actuelle, surtout à la
France classique en littérature. La beauté primitive et
créatrice de l'art grec, dans ses différentes branches,
n'a point été surpassée ni atteinte. Sous les Romains,
plus graves, plus positifs et plus politiques, le polythéisme avait déjà perdu beaucoup de son influence,
et on sait que, sous Auguste, les augures romains ne
pouvaient se regarder sans rire. La superstition avait
fait son temps ; alors le christianisme se leva laborieu-
sement à l'Orient, comme le soleil obscurci par les
nuages, et vint éclairer et changer la face du monde.
Il est à remarquer qu'il ne put s'implanter sur le sol

dans leurs phases de développement, de progrès social et de civilisation.

Les Gaulois, encore barbares, font des sa-
crifices humains au milieu de leurs forêts pri-
mitives ; ils courent à Delphes et à Rome,
pour piller un temple et une ville ; ce sont des
expéditions de brigands.

César traverse le pays et s'en empare à la
tête des vieilles légions romaines ; la Gaule,
devenue province de Rome, voit ses mœurs
s'adoucir, ses municipalités se former, sa langue, entée sur celle des Romains, se créer,
et son administration prendre une forme
large et protectrice sous les préfets du pré-
toire. Les dix-sept provinces avaient des gou-

asiatique dès son origine ; le peuple juif l'a méconnu ;
il a été depuis dispersé par la conquête et errant sur
le globe.

Le mahométisme et le bouddhisme paraissent plus
conformes aux mœurs et au climat de l'Asie méridionale.

verneurs particuliers qui prenaient le titre,
les uns, de *consulares*, les autres de *præ-
sides;* les cités et le territoire environnant
étaient administrés par des *comites* (1).

Il n'entre pas dans mon sujet de suivre
l'histoire pas à pas; il me suffira d'indiquer
que, lors de l'invasion des Barbares et de la
chute de l'empire, trois grands peuples se
partagèrent la Gaule. Les Visigoths, comme
alliés des Romains, s'emparèrent, au com-
mencement du ve siècle, de l'Aquitaine, et
s'étendirent des bords de la Loire jusqu'aux
Pyrénées; les Burgundes s'établirent dans
l'Est, et les Franks dans le Nord. On peut
reconnaître encore les traces de ces peuples
conquérants dans la physionomie distincte

(1) *Comites,* compagnons, comtes; ce titre leur
venait sans doute de ce qu'ils accompagnaient les
généraux *duces* (ducs), *ducere* (conduire), sous lesquels
ils combattaient. Dans l'origine, le titre n'était pas une
vaine formule ni un hochet.

des diverses provinces qui forment la France actuelle.

Que de différences dans les mœurs, les coutumes, les usages, les patois, l'industrie et le système agricole (1) des Français du Nord et de ceux du Midi, malgré le passage des siècles ! Les Franks, plus actifs et plus belliqueux, et dirigés par des chefs plus habiles et plus entreprenants : Clotaire, Clovis, Charles-Martel, Pepin, et surtout Charlemagne, vainquirent les Visigoths et les Burgundes, et établirent leur suprématie sur toute la Gaule ; mais la population primitive a dû subsister malgré les rencontres et le choc des armées. Charlemagne fut obligé de réagir contre les races conquérantes de la Germanie pour asseoir son empire. Il ressaisit un moment le

(1) Il est vrai de dire que l'agriculture est plutôt une affaire de sol et de température.

sceptre de l'Europe, échappé aux Romains ; mais aucun de ses successeurs ne fut assez fort pour le soutenir.

La féodalité, fille de la conquête, va peser sur l'Europe, elle s'appuiera sur la religion devenue un instrument de domination et de servitude ; le souverain Pontife, si bien servi par ses vicaires et ses légats, étreint le monde dans ses bras et le tient sous sa loi ; Rome domine encore sur le globe, elle parle *urbi* et *orbi ;* la tiare resplendit et subjugue comme l'épée du grand peuple. Rome n'agit plus, mais elle commande, l'Europe se lève à sa voix ; elle frappe du pied la terre, et les seigneurs suzerains descendent de leurs manoirs, où ils règnent en despotes, appellent les serfs aux armes, traversent la mer et s'en vont, guerriers aventureux, combattre les infidèles de l'Asie et de l'Afrique, et conquérir le sépulcre du Sauveur ; les seigneurs du Nord courent vers le

Midi, pour massacrer, sans merci, les héréti-
ques, Languedociens ou Albigeois, au nom d'un
Dieu de miséricorde et de tolérance.

Que de sang versé pour une religion pleine de
mansuétude et d'humanité dans son principe;
il semble que la religion catholique ait voulu
répandre autant et plus de sang, pour s'éten-
dre et se propager, qu'elle en avait donné dans
la personne de ses martyrs, si nombreux, pour
s'établir. Les passions humaines, immuables
comme la nature, malgré les hauts enseignements du passé, ont perverti tout ce qu'elles
ont touché ; chaque nation, comme chaque
individu fort et bien constitué, n'a obéi, dans
sa jeunesse, qu'à ses instincts, et a été le
jouet de ses caprices et de ses passions.

Je n'ai point l'intention de suivre pas à pas
le développement plus ou moins régulier des
sociétés modernes, la formation et l'affran-
chissement successif des communes, le pro-

grès et les développements moraux des intelligences, auxquels le commerce et les relations
de peuple à peuple, et même les guerres, ont dû
contribuer; car tout devrait servir à l'instruc-
tion du peuple comme de l'individu. Je ne par-
lerai ici ni des longues et sanglantes rivalités
de la France et de l'Angleterre, à jamais célé-
bres dans l'histoire; ni des luttes de la France
contre l'empire d'Allemagne, qui se sont souvent disputé l'Italie; ni de la prépondérance
passagère de l'Espagne sous Charles-Quint;
elle a conquis et ensanglanté le Nouveau-
Monde dont les trésors n'ont pu l'enrichir,
parce que la richesse d'un peuple vient de son
commerce, de son industrie et de son agriculture, comme l'ont prouvé plus tard l'Angleterre et la France, qui marchent à la tête de
la civilisation européenne, et qui ont vu se
développer chez elles ces principes de liberté
politique et individuelle sans lesquels un peuple ne peut prospérer.

La vieille et savante Germanie a vu la réforme se formuler sous Luther, homme de courage et d'action ; elle s'est vue en proie à bien des guerres territoriales causées par le caprice de ses souverains ; la queue de la féodalité y est encore debout, mais menacée et minée par les lumières croissantes de ses peuples et par la politique réformatrice de l'Occident. Vienne et Berlin, qui s'appuient sur Pétersbourg, sortie de la Baltique à l'ordre de Pierre le Grand, la maintiennent encore sous leur influence ; Paris et Londres regardent, mais n'agissent pas ; la démocratie de l'Ouest et l'aristocratie de l'Est sont en présence. Vers le Midi de l'Europe, l'Espagne et le Portugal, ces sœurs jumelles, sont dans la voie du progrès. L'Amérique, qui marche et grandit à travers son orageuse liberté, sert d'arrière-garde à l'Occident. L'Asie, soumise au vieux régime du despotisme stationnaire dans toute sa pureté primitive, sert d'appui à l'Orient. Le céleste empire regarde la côte occidentale de États-Unis républicains, de manière que les extrêmes se touchent; l'Occident est le siége de la liberté, l'Orient celui de l'absolutisme. Le jour et la nuit se partagent le monde.

Quand la société européenne commença à prendre une assiette plus calme, qu'au lieu d'aller guerroyer en Asie et en Afrique, elle se contenta de guerres intérieures, amenées par les rivalités des puissances, comme entre la France et l'Angleterre, la bourgeoisie commença aussi à se former et à s'éclairer; ce qui donna lieu à des guerres intestines, à des révolutions sociales qui devaient faire marcher les peuples vers un avenir meilleur, et donner naissance plus tard au tiers-état. Des inventions et des découvertes vinrent exercer une influence immense sur l'ordre social; vers le xiiie siècle, Marco-Polo avait rapporté de l'Inde la boussole, que celle-ci tenait de la Chine, mais elle ne fut perfectionnée que plus tard.

Les explorations maritimes prirent alors un essor rapide; l'homme, qui craignait de s'é-loigner des rivages, s'élança d'un pas hardi sur l'Océan, sûr de retrouver sa route par l'aiguille aimantée qui lui servait de guide. Madère et d'autres îles de l'Atlantique furent d'abord découvertes; Vasco de Gama (1), ce Colomb Portugais, double le cap des Tempêtes qui frayait à l'Europe la grande route de l'A-sie méridionale, des Indes, de la Chine, des Mo-

(1) Je ne sais si Vasco de Gama possède une statue à Lisbonne, tant les Gouvernemens et les peuples sont oublieux et égoïstes; mais la Grande-Bretagne, à qui l'Inde a tant profité, ne devrait-elle pas élever une statue de bronze à ce grand navigateur sur une place de Londres, ou dans un de ses ports, ou même à Cal-cutta?

luques, et autres grandes îles de l'Asie, qui devaient agrandir et vivifier le commerce des Européens. Ils rapportèrent en Europe, dont la fa-
brication était encore dans l'enfance, des étof-
fes d'un luxe inconnu et des produits du
règne végétal, qui devaient améliorer et même
prolonger la vie des hommes. Christophe Colomb (1) se dirige vers l'occident; il croit frayer

(1) Ce grand homme, né à Gênes, n'appartient-il
pas à l'humanité entière, et chaque peuple commerçant ne lui doit-il pas sa statue? Ce sera toujours un
enseignement curieux et instructif, pour le cœur humain, de voir cet homme de génie colporter ses vastes projets dans les antichambres des cours de l'époque, et ne trouvant pas un roi qui veuille lui confier
un vaisseau; mais ce qui est encore plus instructif et
digne de l'attention, c'est de voir ce grand homme,
après avoir donné à l'Espagne et à l'Europe le Nouveau-Monde, dépouillé, chargé de fers, sali par la
calomnie, abreuvé de misère et de maladies contrac-
tées dans ses quatre voyages de découvertes, deman-
dant inutilement justice et restitution de ses biens con-
fisqués à l'égoïste Ferdinand d'Espagne : ceci nous

un chemin nouveau vers les grandes Indes, et
découvre un continent entier qui servait à l'é-
quilibre du globe. Les nations de l'Europe se
précipitent à l'envi sur ses traces ; la passion
des voyages, des découvertes et des conquêtes
s'empare du genre humain. Les Espagnols
exterminent les indigènes, qu'on a impropre-
ment désignés sous le nom d'Indiens, s'emparent de vastes contrées, se jettent, avec une
avidité inouie, sur les mines d'or et d'argent
dont une partie devait s'engloutir sous les abî-
mes de l'Océan ; ces peuples quittent la mère-
patrie pour défricher d'immenses terrains encore vierges, où la nature se déploie avec une
magnificence inconnue de nos contrées, et y
fondent des États qui rivaliseront plus tard

apprend que tout homme, grand ou petit, doit, avant
tout, compter sur soi-même. (*Histoire de Christophe
Colomb*, par *Washington Irving*.)

avec elle et s'en sépareront quand ils seront
assez forts pour marcher seuls ; car la suzerai-
neté d'un pays sur un autre s'établit par la
force et engendre la force qui doit la renverser.

L'Espagne se montra mère barbare et dé-
naturée envers ses colonies dont elle répandit
le sang à flots, et légitima ainsi, plus tard,
leur émancipation et leur séparation violente
de la métropole. Cette contrée, puissante alors
en Europe, s'est ainsi affaiblie et dépeuplée ;
elle s'est répandue sur le Nouveau-Monde, au-
quel elle a donné une seconde création ; elle y
a jeté ses habitans, sa langue, ses mœurs et
même son fanatisme religieux ; aussi une
grande partie du continent américain est restée
espagnole de mœurs et de langage. La mère-
patrie s'est vu dépeupler ; son agriculture et
son industrie manufacturière sont demeurées
dans l'enfance, au moment où la France et

l'Angleterre lui donnaient un immense développement. Les Portugais conquéraient et
peuplaient le Brésil en suivant à peu près le
même système ; l'Angleterre, plus sage, fon-
dait les États-Unis du nord ; où elle transpor-
tait l'excédant de sa population, des hommes
froids, calculateurs et industrieux ; une politique plus rationnelle ; qui devait apporter à
ces vastes contrées des éléments d'industrie ;
de commerce et d'agriculture, mieux entendus
et mieux appliqués. La France luttait alors en
Europe contre la prépondérance espagnole et
impériale de Charles-Quint, continuée sous
Philippe II, puis elle fut en proie aux dissen-
tions religieuses de la ligue excitées par la politique espagnole ; elle a fondé cependant plus
tard la Louisiane et le Canada qu'elle n'a pas
su conserver. ..

Le xiv⁰ siècle vit naître deux autres inventions qui devaient aussi changer l'état de la

société : la poudre et l'imprimerie. La première
devait détruire la féodalité et donner à la guerre
une forme nouvelle et une extension redoutable.
— Les seigneurs féodaux, descendus des chefs
militaires qui avaient participé à la conquête
du sol qu'ils s'étaient partagé, pouvaient fort
bien se retrancher dans leur castel (1), situé
sur une élévation ou entouré de fossés remplis
d'eau, et s'y maintenir avec des vivres contre
toute sorte d'armes blanches, et même contre
les traits des archers qu'il était facile d'éviter (2).

(1) *Castrum*, camp fortifié, puis *castellum*, petit
camp, castel, château.

(2) Les Romains sans doute assiégeaient les forts et
les villes ; on comblait les fossés avec des fascines,
puis on employait les *béliers* contre les murailles. Au
moyen-âge, on employait aussi ces moyens et d'autres
encore, comme la baliste, la catapulte et les pierriers ;
car on avait pris aux Romains leurs armes et leurs
moyens de guerre, et on les avait même déjà aug-
mentés. Mais que signifiaient ces moyens mus par
les bras humains comparativement à la poudre, surtout contre des murailles épaisses de sept à dix pieds,

Mais, la poudre étant découverte, quand on put forger des armes qui lançaient des projectiles meurtriers à de grandes distances, des bombes, des obus ; et plus tard des canons qui battaient en brèche les murailles et pouvaient tout détruire et tout renverser ; toutes ces petites suzerainetés locales ne purent tenir contre le pouvoir central, qui disposait de plus grands moyens d'exécution et qui avait plus de guerriers sous sa bannière. L'emploi de ce nouveau

dont on trouve encore des restes partout ; je ne citerai ici que les tours de Montlhéry et d'Étampes que j'ai vues. Au surplus, cela n'empêchait pas les seigneurs féodaux et suzerains d'opprimer une contrée, de rançonner, de piller et de faire la guerre à leurs voisins ; les populations d'alors, démoralisées par la misère et ainsi sans force morale, n'osaient pas entreprendre de résistance sérieuse contre leur seigneur. Le propre de la misère comme de l'esclavage est d'abrutir les âmes incultes et de neutraliser les facultés innées ou acquises chez les autres. Il faut donc éclairer le peuple et lui fournir du travail, afin de lui donner l'amour du pays, la nationalité ; l'esprit national est la vie d'un peuple.

système d'armes dans les guerres de peuple à
peuple vint en changer la face ; les guerriers,
munis seulement d'armes blanches, devaient
se jeter dans d'immenses mêlées et se prendre
corps à corps : on ne se reconnaissait qu'à la
différence du costume. Après l'invention des
armes offensives qui portaient la mort au loin,
la science de la guerre dut prendre un autre
aspect. On inventa des manœuvres habiles,
un ordre tel que les soldats pussent envoyer
la mort à l'ennemi, s'avancer ou se replier
suivant la position du terrain ou les circons-
tances imprévues du combat. C'est encore à
la poudre que l'Europe dut la conquête prompte
et meurtrière du Nouveau-Monde et d'une
partie de l'Asie : ces armes, employées contre
des peuples civilisés à leur manière, comme
au Mexique et au Pérou, ou bien sauvages,
comme dans la plus grande partie des deux
Amériques, donnaient un immense avantage
aux Européens même en petit nombre, fou-

droyaient les indigènes à moitié vaincus par l'é-
tonnement et la terreur que devaient produire
ces guerriers armés de la foudre (1). C'est
donc à Schwartz, l'inventeur de la poudre, que
l'on doit la conquête du continent américain,
de même que l'on doit au grand Christophe
Colomb sa découverte; ce n'était pas tout que
de découvrir, il fallait conquérir. Les Européens n'en seraient peut-être pas venus à bout
par l'arme blanche, malgré tout leur courage,
ou du moins ils auraient mis plusieurs siècles
à cette conquête; car les indigènes (je ne dis pas
les Indiens) auraient pu détruire par la lance,
la massue, le tomahawk et les armes qui leur sont
propres, le petit nombre des Européens qui
débarquaient sur la plage et les décimer, puis
les détruire promptement par l'avantage du
nombre.

Le xve siècle, qui voyait la France s'af-

(1) *Voir* les historiens espagnols.

franchir du joug des Anglais; la vieille féodalité s'abaisser sous l'invention des armes à
feu; les communes poursuivre leur affranchis-
sement et le tiers-état participer aux délibéra-
tions concernant le bien du pays; le Bas-
Empire, bavard et ergoteur, s'effacer devant
la conquête des musulmans; l'Angleterre se
débattre entre les partisans de la rose rouge et
ceux de la rose blanche; la maison de Bourgogne rivaliser avec le roi de France, son suze-
rain; les Maures se replier devant le courage
des Castillans, sous Ferdinand et Isabelle, et
perdre ainsi le terrain que leurs coreligion-
naires regagnaient sur un autre point de l'Europe; le Nouveau-Monde surgir du fond de
l'Océan à la voix de Christophe Colomb, et la
religion catholique perdre insensiblement de
son influence politique et dominatrice par les
résistances de Philippe le Bel et les excès des
Borgia, comme si elle pressentait l'arrivée

prochaine (1518) du réformateur Luther, vit
aussi naître l'imprimerie, ce grand levier de
l'esprit humain. Son influence sur l'esprit des
peuples fut contrariée d'abord dans ses développements, comme tout ce qui est nouveau
et réformateur, mais utile; elle devait, malgré ces obstacles, s'établir et marcher vers
son perfectionnement, car nier le bien que
l'humanité entière devait en retirer, c'eût été
nier la lumière du jour; et l'imprimerie était
destinée à éclairer et mûrir l'esprit de l'homme,
comme le soleil éclaire et vivifie le globe dont
il mûrit les produits; l'imprimerie est le soleil
de l'esprit humain.

Dès lors, la supériorité de l'intelligence et de
la pensée, qui était l'apanage d'un petit nombre,
et qui s'éteignait souvent avec l'individu,
trouva un véhicule puissant pour enseigner les
intelligences secondaires et tertiaires; les produits de l'esprit humain se multiplièrent et
purent se répandre chez tous les hommes et

toutes les nations du globe, éclairer l'état pré-
sent des sociétés en déroulant sous leurs yeux
les crimes et les fautes du passé, dont l'histoire
fourmille, et faire marcher toutes les sciences
vers un développement régulier. La civilisation ne pouvait plus rétrograder (1), puisqu'elle
prenait ainsi son point d'arrêt et que les successeurs des hautes intelligences, trouvant les
différentes sciences à un point d'arrêt, pou-

(1) Sans doute, les anciens, qui ne connaissaient pas
l'imprimerie, nous ont légué des chefs-d'œuvre dans tous
les genres qui demandent de l'imagination, et l'idée première qui est le génie ; leur poésie (*) surtout vaut autant
et mieux peut-être que la nôtre, parce que c'est le produit de la seule imagination. La Grèce et Rome ont aussi
brillé dans la philosophie et l'histoire ; mais, depuis
l'invention de l'imprimerie, quels progrès n'avons-
nous pas fait faire aux diverses sciences astronomi-
ques, mathématiques, politiques, historiques, médi-
cales et législatives ? C'est qu'on fait avancer les sciences
par le travail et la méditation, et que ce travail s'opère à
l'aide des copies imprimées qui se multiplient partout.

. (*) Quel peuple a produit un poème comparable à l'*Iliade* ?

vaient les faire avancer de nouveau et marcher ainsi vers un perfectionnement progressif dont l'esprit humain ne peut connaître la borne.

Cette invention a donné naissance à une nouvelle espèce d'aristocratie rationnelle, celle de l'intelligence et du savoir, qui doit renverser toutes les autres et primer dans les sociétés normales et mûries par la civilisation. L'ère de la liberté de penser et d'écrire est arrivée ; elle éclaire les peuples sur leurs droits, et doit amener les États vers un avenir meilleur et les purger de tous les excès et de toutes les tyrannies centrales ou locales.

La fière et industrieuse Angleterre devait, la première, donner au monde le spectacle d'une grande révolution politique et sociale ; le Parlement, qui représente la nation, s'empara du droit de discuter sur les intérêts du pays, droit qui avait été jusqu'alors un sujet de contestations continuelles entre le parlement et les rois. Sans doute, elle a laissé subsister une forte aristocratie territoriale, qui n'existe plus guère en France, aristocratie descendue de mâle en mâle de la conquête des Anglo-Saxons, des Danois et surtout des Normands qui se partagèrent le sol (1). Mais si cette aristocratie se montra souvent égoïste et jalouse de ses privléges dans la politique intérieure du pays, elle fut grande et nationale dans la politique extérieure; elle prodigua son influence et ses capitaux, non seulement dans l'extension de l'industrie et de l'agriculture du sol, mais aussi dans la création des colonies et dans la conquête de l'Inde; elle ne refusa jamais sa sanction aux subsides demandés pour la gloire et la prépondérance du pays; elle fut

(1) Guillaume le Conquérant divisa l'Angleterre en soixante mille fiefs militaires; tous les chevaliers normands et français qui l'avaient accompagné eurent leur part; il admit, de plus, les chefs saxons ou danois qui lui prêtèrent foi et hommage. (*Revue des Deux Mondes*, du 15 décembre 1836, article sur lord Gray.)

plus intelligente des besoins du peuple et plus.
jalouse de sa grandeur qu'aucune autre aristocratie de l'Europe (1).

Aujourd'hui que le temps, en marchant;
a éclairé les masses, on a découvert des abus, et
la réforme électorale demandée depuis long-
temps lui a été arrachée sous l'influence de
notre révolution de 1830 ; car il existe une cor-
rélation entre les peuples civilisés qui fait que
les événements survenus chez l'un réagissent

(1) La nation anglaise est celle de l'Europe qui a
toujours le mieux entendu et voulu sa liberté. Sans
vouloir remonter aux *Wittenagemot*, ou assemblées
des propriétaires séculiers et ecclésiastiques du temps,
ni aux lois sages du Grand Albert, tous les publicistes
connaissent sa *grande Charté* réclamée sous le roi
Jean, vers 1200, par les barons et le peuple réunis. La
liberté civile et la propriété furent garanties, et les
franchises des villes et des bourgs reconnues. Mais cette
Charte fut violée à diverses reprises sous Henri III,
Édouard II, Edouard III, Richard II, Henri. VIII,
Élisabeth et Jack Ier ; la révolution de 1649 était donc
devenue nécessaire.

sur l'autre. Le peuple anglais possède sa liberté
individuelle; son sol protecteur, parce qu'il est
fort, reste ouvert aux hommes généreux bannis
de leur patrie (1); mais il ne sera vraiment libre
que quand la liberté religieuse y sera pleine-
ment tolérée et quand tous les citoyens anglais,
écossais et irlandais seront sur le même pied
d'influence civile et politique. Il est remarquable que la grandeur de l'Angleterre date de sa
révolution et du protectorat de Cromwell : c'est
alors qu'elle prit cet immense développement
politique et social qui lui donna l'empire des
mers et la protection du globe; mais sa révolution, renfermée dans son île, n'eut qu'une
influence indirecte sur l'état social et l'avenir
politique de l'Europe.

(1) Le sol libre de l'Angleterre a toujours servi
d'asile aux libéraux des diverses parties de l'Europe;
la France leur a bien aussi donné asile, mais avec
beaucoup plus de circonspection. Cependant les réfu-
giés méritent les égards des peuples libres.

La révolution française, préparée dans le
XVIIIe siècle, par les enseignements de tous les
esprits éminents de cette époque, dut exercer
une influence bien plus grande sur l'avenir des
peuples ; la position de la France au centre de
l'Europe occidentale, entre le Nord et le Midi ;
son voisinage de l'Allemagne, de l'Espagne et
de l'Italie dut imprimer une secousse bien
plus forte. Elle eut à lutter contre le vieux
despotisme du Nord, qui ne voulait point de
la liberté, et contre l'Angleterre jalouse de
sa grandeur (1); les armées françaises ont porté,
à l'étranger, des germes et des principes de liberté et de civilisation, qui ne sont pas sortis
de la mémoire des peuples ; ils y fermentent
insensiblement, et le jour de leur résurrection

(1) La Grande-Bretagne a méconnu à tort le principe
de liberté par rivalité haineuse ; mais elle y a contracté
sa dette immense de vingt-trois milliards ; elle a laissé
son aiguillon dans la plaie.

et de la proclamation de leurs droits constitu-
tionnels arrivera à terme.

L'Espagne, le Portugal, la Suisse, la Bel-
gique, la Hollande et la Suède suivent les tra-
cés de la France et de l'Angleterre ; l'Italie ;
opprimée par la politique autrichienne , a
tenté en vain, jusqu'à ce jour, sa résurrection.
Les provinces prussiennes, en deçà du Rhin ,
n'ont pas oublié qu'elles ont appartenu à la
France, et que la chance des armes peut les y
réunir de nouveau. La guerre qui paraissait
imminente en 1830 n'a pas eu lieu, parce que
les souverains du Nord , qui se souviennent
des guerres récentes et si cruelles pour eux ,
contre la révolution, et l'empire , n'ont pas
osé attaquer un peuple plein d'enthousiasme ,
et une armée qui avait derrière elle toute la
population armée dans sa garde nationale. La
Russie seule était disposée à l'attaque, mais il lui
fallait faire marcher devant elle l'armée prus-

sienne retenue par l'indécision de Frédéric-
Guillaume, et la révolution polonaise vint l'oc‑
cuper et arrêter ses projets belliqueux (1): Aujourd'hui, les destins de l'Europe plus calme
semblent être dans les mains de la diplomatie; mais la moindre étincelle peut amener
une conflagration générale.

Rome posséda jadis le sceptre du monde;
elle vainquit et soumit successivement toutes
les puissances rivales. Ce sceptre fut relevé au
moyen-âge par le bras puissant de Charlemà-
gne, qui étendit son empire de l'Elbe à l'Ebre,
et du Tibre à la mer du nord; mille ans
plus tard, il fut ressaisi par Napoléon,
ce bras droit de la démocratie française, qui
en frappa l'Orient et l'Occident, le Midi et le

(1) Que dire des Polonais, ces Français du nord,
qui ont succombé à l'avant-garde, et n'ont eu que le
temps de crier comme le brave d'Assas, le Décius français: *A moi, France! ce sont les ennemis!*

Nord, le Nil et le Tage, le Tibre et la Moscowa, et qui, sa tâche terminée, eût pu rendre l'Europe libre. Aujourd'hui le sceptre de l'Europe est partagé entre Paris, Londres, Saint-Pétersbourg, Vienne et Berlin, qui peuvent en réclamer chacune leur part.

L'Angleterre, qui, grâce à sa position insulaire, ne craint point les attaques directes des puissances continentales, et n'a pas besoin d'entretenir à grands frais d'immenses armées, s'est créé une marine puissante et formidable avec laquelle elle domine sur l'Océan, civilise différentes parties du globe qu'elle a conquises, et protège un commerce immense qui l'a rendue la nation la plus riche du monde; aussi sa voix est toute puissante dans les décrets de la diplomatie. Elle peut transporter des troupes partout où l'intérêt de sa politique l'exige. Elle fut la première à proclamer sa liberté politique sans craindre les attaques des

souverains de l'Europe; de là vient son immense développement en toutes choses, commerce, industrie, fabriques et agriculture,
développement que devraient étudier les autres puissances de l'Europe.

La France eut à lutter contre toute l'Europe
quand elle voulut se rendre libre ; les guerres
longues et sanglantes de la révolution et de
l'empire lui ont valu une gloire impérissable,
et depuis, sa prospérité civile et commerciale
a acquis d'immenses développements. Elle domine l'occident de l'Europe, qu'elle doit ra-
mener à son système politique et protéger contre les menaces et les attaques du Nord (1). Elle
doit se créer une marine capable de rivaliser
avec celle de l'Angleterre.

(1) La vraie politique de la France devrait être de
protéger les États limitrophes et de s'en faire une
barrière contre l'alliance du nord, qui est menaçante
pour la France surtout; car l'Angleterre, quoique
libre, n'a rien à craindre.

- L'Autriche, qui montre tant d'habileté dans sa politique stationnaire, car le moindre choc peut entamer ses États peu homogènes, tient l'Italie, dont elle occupe une partie, sous l'influence de sa politique ; elle prime aussi les souverainétés secondaires de l'Allemagne conjointement avec la Prusse sa rivale allemande ; elle est l'alliée politique de la Russie ; mais elle doit craindre en même temps les accroissements de cette puissance en Europe et l'envahissement de la Turquie, avec laquelle une bonne politique lui conseillerait un traité d'alliance offensive et défensive.

La Russie est une puissance toute nouvelle en Europe, dont elle contient aujourd'hui la moitié de la superficie ; elle s'est agrandie des conquêtes qu'elle a faites sur ses anciennes rivales, la Suède, la Pologne et la Turquie ; l'orient de l'Europe lui est soumis. Depuis que

Pierre le Grand (1) eut la belle idée de transporter sa capitale sur les bords de la Baltique,
pour mettre son peuple en communication
avec l'Europe qu'il ignorait, la Russie s'est
créé une marine de plus en plus redoutable.
Sa flotte est sans rivale dans la Baltique et dans
la mer Noire, et il lui est facile de défendre
l'entrée de l'une et de l'autre. L'immense étendue de son territoire l'oblige à avoir plusieurs
capitales, afin que l'action politique et gouver-
nementale soit plus rapprochée. Ainsi Saint-
Pétersbourg (2) est le siége politique du gouvernement; mais le ciel d'airain sous lequel cette
ville est située paralyse ses développements;

(1) On sait que c'est de Pierre le Grand que date
l'importance de la Russie en Europe; avant lui, les
Moscovites passaient dans toute l'Europe pour des
peuples semi-barbares, et étaient moins connus que
plusieurs peuples de l'Asie, de l'Afrique et même de
l'Amérique.

(2) 445,000 habitants.

la Newa est enchaînée par les glaces trois ou
quatre mois de l'année ; la rigueur du climat
nuit au mouvement politique et commercial
de sa marine.

Moscou (1), l'ancienne capitale des czars, est
toujours une seconde capitale au centre de
l'empire, et sert de résidence à une grande
partie de la noblesse féodale ; et enfin
Odessa (2), ville nouvelle, fondée sur la mer
Noire, semble aspirer au rang de capitale
du midi et s'agrandit insensiblement. Cette
ville attire à elle le commerce de cette mer,
soumise au pavillon russe ; et l'on sait que,
dans la dernière guerre contre la Turquie, la
marine russe fut d'un grand secours à l'armée
de terre, à laquelle elle apporta des vivres et
des renforts par le golfe de Bourgas et par
Séziboli. La Russie a fondé récemment, en,

(1) 330,000 habitants.
(2) 55,000 habitants.

outre, la ville de Taganrog, sur la mer d'Azof,
ce qui est d'une politique prévoyante : car
d'après l'excellente disposition des lieux, et
si la flotte d'une puissance en guerre avec
la Russie parvenait à forcer le détroit des Dar-
danelles et celui de Constantinople, ce qui
est assez difficile, la flotte russe, battue dans
la mer Noire, pourrait encore se retrancher
et se mettre à l'abri dans la mer d'Azof, défendue par des thermopyles marins. Cette
position est on ne peut plus favorable au développement de sa force politique. Cette puissance a, en outre, besoin d'une quatrième capitale qui la mette en rapport avec l'Asie :
Astrakhan (1) domine la mer Caspienne et peut
établir un commerce immense avec la Perse

(1) 31,000 habitants. Tiflis, capitale de la Géorgie,
peut aussi devenir un point important par son voisinage
de la Perse et de la Turquie d'Asie ; elle a 20,000 habitants. Mais les peuplades indigènes et insoumises du
Caucase interceptent les communications.

et uné partie de l'Asie, surtout en établissant
de bonnes voies de communication entre cette
ville et Moscou, qui communique (1) avec Saint-
Pétersbourg. La Russie est donc en position
de se créer une immense influence et sur l'Europe et sur l'Asie. Mais, nous l'avons dit,
sa capitale actuelle est située sous un climat
trop rude qui nuit à son développement; aussi
le cabinet de Pétersbourg a constamment les
yeux fixés sur Constantinople, et sa position
unique au monde; il protège le Sultan, cet
ancien rival qu'il ne craint plus, et attend sans
doute l'occasion favorable d'une lutte européenne pour se jeter sur sa proie. Les flottes
réunies de l'Angleterre et de la France seront-
elles capables d'empêcher cette conquête, si
elles ne sont appuyées par les armées de l'Autriche qui peuvent y arriver de plain-pied?

(1) La route est, dit-on, excellente, et on se trans-
porte très rapidement d'une ville à l'autre.

Je ne traiterai pas à fond cette question dans
ce moment-ci; je me borne à attirer sur ce
grave sujet l'attention des États européens (1).
Parlerai-je de la Prusse, que j'ai nommée
plus haut? c'est aussi une puissance moderne
en Europe, et qui doit son importance au
génie politique et guerrier du grand Frédéric.
Cette puissance domine le nord de l'Allemagne;
mais que serait-elle environnée de puissances
plus fortes et plus compactes qu'elle, la Russie,
l'Autriche et la France, si sa politique rationnelle ne lui enseignait d'être l'alliée intime de
l'une d'elles? elle s'appuie donc sur la Russie,
sa puissante voisine. Cette monarchie, dont
les frontières, sans barrières naturelles, sont
partout ouvertes à l'agression de l'ennemi,
a été obligée de se faire toute militaire pour
être toujours prête à défendre ses foyers. Sa

(1) L'auteur se propose de publier un écrit sur la
politique de l'Orient.

landwher et sa *landstourme* lui servent de réserve perpétuelle. Mais on ne voit pas pourquoi elle ne se crée pas une marine militaire sur la Baltique, où elle possède près de deux cents lieues de côtes, capable de rivaliser au besoin avec celle de la Russie, de la Suède ou du Danemarck. Dantzick, Kœnigsberg, Memel, Elbing, Stettin et autres ports commerciaux, pourraient sans doute recevoir des corvettes, des frégates ou même des vaisseaux, après quelques travaux nécessaires.

L'Europe, qui a vu naître et se développer dans son sein, depuis la chute de Rome, tant de guerres si diverses et pour des causes plus ou moins en harmonie avec l'esprit ou les croyances des peuples, a néanmoins marché, à travers de *laborieux progrès*(1), vers un avenir plus normal, plus rationnel et plus empreint de cet esprit de civilisation et de bien-être

(1) Expression de M. Villemain.

vers lequel tendent toutes les nations. Cependant la politique présente un fait remarquable
qu'on ne saurait nier, fait qui demande toute
l'attention des peuples et des souverains : c'est
l'état de prospérité civile et politique où se
trouvent les gouvernements libres et repré-
sentatifs, tels que la France et l'Angleterre.
Le droit de contrôle chez les peuples est rationnel, juste et nécessaire; il est, de plus, indis-
pensable chez ceux qui sont assez avancés en
civilisation pour sortir de la tutelle du despotisme et de l'aristocratie réunis : car l'histoire nous apprend que les peuples arrivés à
ce point s'emparent de force de cette situation
normale en passant par des crises terribles,
d'où ils sortent plus vigoureux et plus re-
doutables.

UN MOT SUR L'ESPAGNE

ET SUR ALGER.

Il ne faut pas terminer cet écrit sans parler de l'Espagne, dont la crise politique fixe l'attention de toute l'Europe. L'Espagne semble être arrivée à l'époque caractéristique de sa régénération politique, comme l'Angleterre et la France, à son 89. Mais cette crise paraît devoir être plus difficile et plus longue, cela tient à la nature du sol et au caractère de ses habitants. Cette contrée, sillonnée par des chaînes de montagnes qui divisent profondément le pays, a toujours été habitée par un peuple fier, indépendant, belliqueux, aventureux, et abrupte comme le sol qui le nourrit. Les Romains, qui ont foulé tout le sol européen de leurs pas victorieux, y ont trouvé une résistance héroïque et toujours renaissante ; les siéges de Sagonte et de Numance sont des monuments historiques qui prouveront éternellement ce que peut un peuple énergique et fiér, quand il combat pour ses foyers ; le siége récent de Saragosse (1), pendant l'agression injuste de l'empire, a prouvé que le caractère espagnol était resté le même, malgré le passage des siècles ; et les sanglants combats de cette guerre un peu africaine ont montré toute la haine de la nation contre tout joug étranger, quelque brillant que soit ce joug. Les différentes provinces que contient la Péninsule, et qui ont long-temps été le siége de royaumes séparés, présentent des dissemblances frappantes sous le rapport de l'état physique du pays et du caractère des habitants.

(1) On peut ajouter le siége tout récent de Bilbao.

L'empire romain avait conquis le monde à l'époque de sa jeunesse, de sa virilité et de ses vertus; mais il le perdit quand, arrivé à sa décrépitude, il tomba ; quand, gorgé des richesses du monde, dont il fit son butin, l'égoïsme, les vices, l'intrigue, la vénalité et la délation remplacèrent chez lui le patriotisme, les vertus antiques et le désintéressement.

Les nations encore barbares quittèrent alors leurs immenses forêts qui les abritaient et les nourrissaient, et se ruèrent sur cette vaste curée. L'Espagne, une des plus belles provinces de l'empire, fut envahie et ravagée par les Vandales, les Suèves et les Alains; mais bientôt les Goths descendirent du Nord et s'emparèrent de cette contrée après une cinquantaine d'années de luttes incessantes , et restèrent maîtres du pays pendant plus de deux siècles et demi, jusqu'en 711, époque de la mort de Rodrigue et de l'invasion des Maures. Ceux-ci

soumirent à leur tour presque toute l'Espagne,
et refoulèrent les Goths vers le Nord, dans les
montagnes de la Catalogne, de la Biscaye, et
surtout des Asturies, d'où la nationalité espagnole redescendit plus tard et vint régir contre la nation conquérante. La lutte fut longue,
car les débris des Maures ne furent définiti-
vement expulsés qu'en 1614. Les Maures ont
donc occupé l'Espagne méridionale pendant
800 ans, et ont eu le temps d'infuser leur sang
dans la nation, à laquelle ils ont enseigné les
arts, l'agriculture et le commerce; leur caractère chevaleresque et aventureux se retrouve
partout dans l'histoire du midi de l'Espagne,
des provinces de l'Andalousie, de Grenade,
de Carthagène, de Cordoue, de Murcie, de
Valence et de Tolède. Leurs monuments qui
y subsistent encore nous montrent toute l'élé-
gance, la souplesse et la magie de leur architecture orientale.

Chaque nation de l'Europe a vu sa race primitive asservie et réchauffée par la conquête, qui lui a infusé un sang neuf et chaud dans les veines, et a ainsi ravivé son existence; mais la fusion de ces différentes races a dû s'opérer lentement. Les conquérants s'emparaient des villes, et des points faciles à fortifier; ils devaient refouler les indigènes dans les campagnes, les forêts et les montagnes, d'où ceux-ci redescendaient insensiblement. C'est ainsi que, pour trouver les types primitifs dans différentes contrées, il faut les aller chercher dans des provinces éloignées ou défendues par leurs montagnes. En Angleterre, on trouve le Breton primitif dans le pays de Galles, le Picte ou le Calédonien dans les montagnes de l'Écosse; en France, le vieux Celte peut se retrouver dans l'Armorique ou dans la montagneuse Auvergne; et en Espagne, le vieil Ibère peut se discerner dans les montagnes de la Catalogne, de la Biscaye, les Asturies et de la Galice.

Cependant le temps a dû amener la fusion des vainqueurs et des vaincus en général; mais, en Espagne, cette fusion paraît moins parfaite, et le pouvoir central moins fort, car la nationalité provinciale est encore toute vivace. L'Espagnol du Nord est un descendant des Goths, et le paysan espagnol lui-même se vante de son titre d'*Hidalgo*, ou fils de Goth; dans le Midi, le descendant des Maures, comme l'Andalou, a quelque chose d'Africain; au physique, il est basané; au moral, il est aventureux, léger, brillant et moins stable dans ses idées que l'Espagnol du Nord. Sans doute, on peut objecter que les Maures furent battus en 1479 et perdirent leur influence sous Ferdinand et Isabelle, qui en expulsèrent une partie, et que le reste le fut

en 1614; mais cette mesure s'appliqua parti-
culièrement aux principaux habitants des
villes ; or, une grande partie de ces conquérants, pendant une occupation de huit siècles,
avaient eu le temps dese fondre dans la population. On ne bannit d'ailleurs que ceux qui
refusérent de se convertir à la religion chré-
tienne.

Qui sait si la conquête du Nouveau-Monde;
de plusieurs points de l'Afrique, et celle de
Naples, de la Sicile, de la Sardaigne, qui ont
long-temps appartenu aux Espagnols, n'est
pas le produit de ce caractère aventureux et
guerrier des Maures de la Péninsule. On sait
que le midi de l'Espagne se précipita avec
frénésie vers la conquête aventureuse du
Nouveau-Monde, et extermina les indigènes
par une guerre tout africaine; nous retrou-
vons cette même guerre contre nous, dans le
nord de l'Afrique, chez les descendants des

Maures et des Arabes. La différence de caractères qui subsiste entre les diverses provinces
de la Péninsule semble déterminer chez elle
une propension au fédéralisme; mais on peut
objecter qu'une grande différence, si ce n'est
la même, se présentait à l'égard des provinces de la France, avant la révolution française, qui nivela toutes les franchises et les
intérêts provinciaux, pour faire du sol national un tout compacte et homogène. Quelle
ressemblance physique et morale y avait-il
entre l'habitant de l'Ile-de-France ou de la
Normandie, et le Languedocien ou le Proven-
çal; entre l'habitant de la Flandre française,
conquise sous Louis XIV, et celui du Roussillon, long-temps espagnol, conquis sous
Louis XIII; entre l'Alsace, province allemande, soumise aussi par Louis XIV, et la
Franche-Comté, soumise par le même, sur la
puissance espagnole? L'Assemblée nationale

5

et constituante a pétri de ses puissantes mains, avec les débris de ces nationalités secondaires, une France une, forte et compacte; qui dût obéir aux ordres partis de la Métropole. La circonscription de la France par départements, soumis aux mêmes lois, au même mode d'impôt, au même système administratif, et, plus tard, au même code, produisit ce résultat. Il faudrait que l'Assemblée nationale des Cortès établît la même division et surtout la fît exécuter.

Les Cortès de 1822 avaient organisé une nouvelle division en cinquante et une provinces; la régente a établi aussi une nouvelle division; mais je crois que ce projet est resté sans être exécuté (1).

---

(1) Disons franchement qu'il faudrait à l'Espagne un Espagnol de la trempe de Cromwel ou de Napoléon, ou même de celle de Pierre le Grand ou du grand Frédéric, et qui sût comprendre les besoins et les vœux

On devrait détruire la nationalité provinciale au profit de la nationalité espagnole.

Il faudrait créer des voies de communication, des routes générales et locales, dont ce pays est privé, et favoriser son développement agricole et manufacturier ; l'Espagnol, vagabond et chasseur des montagnes, descendrait successivement dans les plaines et sur le bord des fleuves, et de *guerilla* permanent deviendrait agriculteur, puis commerçant. Le traité de la quadruple alliance fut fait, sous l'influence d'une bonne politique, il fallait l'exécuter (1). Si le gouvernement avait su envoyer à temps quarante mille hommes en Es-

du pays. Il faudrait, en un mot, un génie organisateur, un homme qui eût l'idée première et y joignît le génie de l'exécution, enfin un homme complet.

(1) Il est bien entendu qu'il fallait intervenir sous l'habit, la cocarde et le drapeau français ; la France doit être assez forte et assez redoutable pour ne pas prendre de demi-mesures.

pagne, pour occuper seulement les villes de
la Biscaye, du Guipuscoa et de la Navarre;
l'insurrection carliste du Nord aurait disparu.
Dans l'état actuel des choses, elle peut s'y
maintenir long-temps, parce qu'elle tient à la
nature du sol et au caractère belliqueux de
l'Espagnol des montagnes, qui a d'ailleurs sa
vieille nationalité, ses franchises et ses anciens
fueros. Lorsque Gomez fit une trouée dans le
midi de l'Espagne, c'était pour tenter une
insurrection en faveur de la cause qu'il sou-
tient; mais l'entreprise a échoué. Qu'il échappe,
par son activité, aux généraux qui le poursui-
vent, c'est fort habile et d'un bon chef de partisans; mais c'est là une question secondaire;
l'important pour lui était de soulever les provinces du Sud, et elles sont restées calmes.

La guerre de la Biscaye ne doit pas empêcher l'Espagne de poursuivre sa régénération
politique; la France a eu sa Vendée qui lui

dévorait les entrailles, et cependant elle im-
provisait quatorze armées, combattait et re-
poussait la coalition du Nord, et portait la
guerre au delà de ses frontiéres ; elle fut
grande et héroïque.

L'Espagne est dans une position géogra-
phique plus avantageuse contre toute invasion ; l'Océan et la Méditerranée la protègent.
Elle ne peut craindre qu'une agression de la
France par terre , et il importe, à la politique
de la France de juillet, que l'Espagne soit
libre et constitutionnelle. Car, dans le cas
d'une conflagration européenne, qui n'a rien
d'impossible , si l'Espagne était d'accord avéc
l'alliance du Nord, la France ayant à se défendre, et sur le Rhin et sur le Var, contre de
puissants ennemis, verrait aussi ses derrières
menacés par l'Espagne, sur les Pyrénées.
Le traité de la quadruple alliance, au contraire,
donne à la France deux auxiliaires nécessaires,

et l'Espagne pacifiée pourrait nous fournir, avec le Portugal, cent mille hommes effectifs; dans le cas de guerre (1).

La France et l'Angleterre réunies peuvent maintenir la liberté de l'Europe et changer la face du monde par la civilisation ; mais il ne faut pas que cette alliance soit oné‑reuse pour la France. L'Angleterre, que l'on a appelée avec raison un peuple de marchands, mêle partout le commerce à la politique, car elle sait bien que ce sont les produits du globe, qu'elle a rendu tributaire, qui l'ont enrichie! Elle tire de l'Europe, de l'Asie, de l'Afrique et des deux Amériques les matières premiè‑res, comme l'or et l'argent en lingots, les fers en barre et l'acier, les laines brutes, les soies brutes ou filées, les cotons en laine, le

(1) Si cela n'est pas dans la lettre ni le sens du traité, il est insuffisant. *Si la France reste sans alliés en présence de la grande alliance du nord-est, il y a péril en la demeure.*

lin brut, le sucre brut, les bois de toute espèce, l'indigo, la garance et autres plantes de
teinture, etc. ; elle polit, fabrique, façonne,
file ou tisse le tout ; puis, quand elle a quin-
tuplé et sextuplé ainsi le prix de chacun de
ces objets, par ses fabriques et sa main d'œuvre, elle les répand dans tous les ports du
monde, car sa marine marchande couvre les
mers. Elle exporte, à son tour, le fer et l'a-
cier forgés en armes de toute espèce, en cou-
tellerie, serrurerie, quincaillerie ; la laine
filée et tissée, les soieries fabriquées, le coton en tissus, le lin en toiles, le sucre raffiné,
et enfin la papeterie. C'est ainsi que les bras
du peuple anglais sont occupés, et que les
comptoirs de ses marchands se remplissent des
richesses des peuples. La France devrait donner la même impulsion à sa marine militaire
et marchande.

La victoire nous a donné l'Algérie, elle

doit rester province française; elle peut remplacer les colonies que nous avons perdues. Nous avons échoué devant Constantine, faute de prévision et d'opportunité, malgré l'habileté, anciennement éprouvée, du maréchal commandant; avec une expédition de vingt mille hommes ou plus, il nous sera facile de prendre Constantine après un siége régulier et meurtrier, car la place paraît forte et bien défendue. Il y a là une haute question de politique et de civilisation. Elle est à proximité de nos côtes et peut être défendue dans une guerre contre l'Angleterre. Si celle-ci est jalouse de notre établissement colonial et de cette nouvelle France africaine, rien ne l'empêche de s'emparer du Maroc et de s'y établir. La France et l'Angleterre, puissantes et riches, peuvent régénérer le nord de l'Afrique et amener insensiblement ces races turbulentes et guerrières à la civilisation de l'Europe. Il faudrait, pour cela, établir une ligne de camps permanents et retranchés, à sept ou huit lieues du littoral et des villes ; alors les colons, tranquilles, pourraient se livrer paisiblement à l'agriculture ; le sol naturellement fertile étant bien cultivé, des puits artésiens étant perforés (1), peut nous fournir la plupart des denrées et des matières premières que nous tirons de l'Égypte, du Levant, de l'Inde et du Nouveau-Monde.

Ainsi, on pourrait y établir en grand la culture de l'olivier, qui donnerait d'excellents produits ; la Provence et le Languedoc sont loin d'en fournir assez pour les besoins de la France, qui est obligée d'en tirer de l'étranger pour des sommes immenses ; le prix de l'huile d'olive est très élevé, et les

(1) Le sol algérien est naturellement un peu sec ; on pourrait aussi détourner et diviser les cours d'eau pour multiplier les moyens d'irrigation.

6

deux tiers de la France ne consomment pour leur nourriture que des huiles secondaires extraites des graines oléagineuses.

Le mûrier y réussirait aussi très bien, et nous sommes obligés d'aller chercher au loin une partie des soies brutes qui alimentent nos fabriques; Lyon surtout en tire pour des sommes immenses (1).

Il en est de même du coton qui maintenant remplace presque partout la toile ; nous allons le chercher dans l'Inde, en Égypte et en Amérique; l'Algérie nous le fournirait cultivé par des Français. On peut en dire autant d'une partie des produits que nous tirons du Levant. L'expérimentation agricole nous enseignerait bien d'autres ressources.

Il faudrait que le gouvernement lui-même

(1) La France tire, chaque année, de l'étranger, pour 59,000,000 de fr. de soies brutes. (*Journal des connaissances usuelles.*)

encourageât et favorisât la colonisation;
les capitaux qu'il y emploierait seraient bien
placés et fructifieraient plus tard par l'impôt :
il ouvrirait, de plus, une carrière nécessaire à
ces millions de bras inoccupés qui se trouvent
dans les grandes villes. Il faudrait pour l'Algérie un bon code colonial approprié à la nature du sol et au caractère de ses habitants.
Les indigènes, protégés par de bonnes lois et
une bonne administration, se rallieraient insensiblement sous le drapeau français et seraient recrutés pour notre armée permanente,
dont la plus grande partie des officiers seraient
Français. Cette pépinière d'officiers aguerris
serait d'un grand secours pour les cadres
actifs de l'armée française, dans le cas de
guerre en Europe. Tout le monde sait que
l'armée anglaise, dans l'Inde, est composée
presque entièrement des *Cypays* indiens,
mais que les officiers , surtout dans les

hauts grades, sont tous Anglais, Irlandais ou
Écossais.

On peut objecter que les races africaines
paraissent plus guerrières et plus indomp-
tables que les Hindous; alors il faudrait agir
avec des masses sur le front de toute la colonie
et refouler les indigènes au delà de l'Atlas.

IMPRIMERIE DE M.me HUZARD (née VALLAT-LA-CHAPELLE),
rue de l'Éperon, n.° 7.